AF402416

NOTICE

SUR

LA LÉGISLATION

RELATIVE

AUX MARQUES DE FABRIQUE.

PARIS.

IMPRIMERIE ROYALE.

—

M DCCC XLI.

NOTICE

SUR

LA LÉGISLATION

RELATIVE

AUX MARQUES DE FABRIQUE.

EXPOSÉ.

Les règlements anciens obligeaient les fabricants à faire apposer une marque particulière sur les produits de leur industrie, mais il leur était défendu de faire figurer sur ces produits d'autres inscriptions ou d'autres dénominations que celles qu'ils devaient porter, de travailler sous plusieurs noms, d'y inscrire des noms étrangers et d'altérer ou de décomposer les noms des fabricants. Des peines sévères garantissaient la propriété des marques, et en prévenaient l'usurpation ou la contrefaçon.

Quand ces règlements, combinés avec les maîtrises et les jurandes, eurent cessé d'exister; quand la loi du 17 mars 1791, abolissant les corporations, eut proclamé la liberté de l'industrie, le droit de marquer ses produits de son nom, droit naturel et complément nécessaire du droit de travailler, survécut à la chute de ces institutions, et la jurisprudence des tribunaux vint en aide à la propriété des marques.

Mais bientôt les désordres qui suivent d'ordinaire l'excessive liberté menacèrent de porter atteinte à la réputation de nos fabriques : nos villes manufacturières s'émurent, et, le 28 messidor an VII, un message des Cinq-Cents recommanda au Directoire exécutif la pétition des

2

fabricants de coutellerie et de quincaillerie, qui réclamaient instamment la garantie de la marque.

Le Gouvernement, procédant alors par voie d'essai, publia, le 23 nivôse an ix, l'arrêté des consuls qui autorisa *les fabricants de coutellerie et de quincaillerie,* à frapper leurs ouvrages d'une marque particulière, et ordonna que ces marques seraient empreintes sur des tables déposées au chef-lieu de chaque sous-préfecture. Le décret du 5 septembre 1810 donna plus tard une sanction pénale à cet arrêté.

Après ce premier acte, intervint la loi générale du 22 germinal an xi. On y proclama le droit *qui appartient à chacun,* manufacturier et artisan, d'appliquer sa marque particulière sur les produits de sa fabrication, et le législateur prononça contre la contrefaçon des marques les peines attachées au crime de faux en écritures privées. Le décret du 11 juin 1809, qui vint ensuite régler d'une manière générale l'organisation des conseils de prud'hommes, déclara que ces conseils *seraient chargés de veiller à l'exécution des mesures conservatrices de la propriété des marques empreintes aux différents produits de fabrique.* Le Code pénal, publié le 22 février 1810, prononça la peine de la reclusion ou du carcan contre quiconque aurait contrefait des marques de fabrique (articles 142 et 143); enfin la loi spéciale du 28 juillet 1824, modifiant ces dispositions, y substitua, dans certains cas, les pénalités prononcées par l'article 423 du Code pénal, sans préjudice de tous dommages-intérêts.

Dans l'intervalle de l'an xi à l'année 1824, quelques dispositions spéciales avaient été publiées.

Le 25 juillet 1810, un décret rendit à la fabrique de Louviers l'autorisation exclusive dont elle jouissait avant la révolution, d'*avoir pour ses draps une lisière jaune et bleue,* et un second décret, généralisant la mesure, prescrivit les formalités à remplir par les villes qui voudraient obtenir une faveur semblable à celle qui avait été accordée à Louviers.

Un autre décret du 1er avril 1811, suivi bientôt des décrets du 18 septembre 1811 et 22 décembre 1812, et rappelant les édits des 5 octobre 1688, 19 février 1754 et 20 février 1760, prescrivit aux fabricants de savons d'apposer leur marque sur les produits de leur fabrique et d'en déposer une empreinte au tribunal de commerce et au secrétariat du conseil des prud'hommes.

Enfin la loi du 28 avril 1816, voulant faciliter la recherche à l'intérieur des tissus étrangers prohibés, ordonna aux fabricants français de tissus semblables d'y apposer leur marque. L'ordonnance royale du 8 août 1816, rendue pour l'exécution de cette loi, ajouta à ses dispositions l'obligation d'indiquer avec le nom du fabricant celui de la ville ou de l'arrondissement où la fabrication a lieu.

Les actes qui viennent d'être énoncés constituent, dans l'état actuel, la législation qui régit la propriété des marques de fabrique, et, il faut bien le reconnaître, l'incohérence des dispositions de cette législation a laissé presque tout à faire à la jurisprudence des tribunaux et semble appeler une prompte et complète réforme.

Nous examinerons successivement ces dispositions.

DE LA PROPRIÉTÉ DES MARQUES.

Le droit d'apposer son nom, son signe, sa marque sur les produits de son travail n'a pas été créé par la loi; il se fonde sur la nature même des choses.

Lorsqu'à une autre époque l'autorité se chargeait de régler pour chaque produit l'espèce, le poids et la qualité des matières, et déterminait minutieusement et uniformément les conditions de chaque fabrication, on comprend que la garantie publique pouvait se trouver sous l'estampille des jurés-gardes du métier, et l'intérêt commun sauvegardait l'honneur du corps.

Mais, dans le système de la liberté absolue, chacun n'ayant plus que ses œuvres personnelles pour fonder sa renommée, la notabilité, qui ne s'obtient que par la probité dans les affaires et la perfection du travail, devient plus difficile à acquérir et plus précieuse à conserver, et, comme le nom du fabricant est souvent alors la meilleure garantie du public, la marque qui sert à distinguer ses produits peut prendre une valeur considérable.

Aussi, les tribunaux se sont-ils toujours montrés jaloux de défendre cette légitime propriété, et, s'appuyant sur les principes généraux du droit et sur l'article 16 de la loi du 22 germinal an XI, ainsi conçu : « La contrefaçon des marques particulières que *tout manufacturier ou* « *artisan a le droit d'appliquer sur les objets de sa fabrication* don- « nera lieu, etc. », ils ont en toute circonstance proclamé le principe de la propriété des marques de fabrique.

Toutefois, à l'égard de la quincaillerie et de la coutellerie, le décret du 23 nivôse an ix a formellement *autorisé les fabricants à frapper leurs ouvrages d'une marque particulière;* mais cette disposition est spéciale et tout à fait exceptionnelle.

Convient-il dans cet état de choses d'écrire d'une manière générale dans la loi le principe de la propriété des marques, et, dans ce cas, n'y aurait-il pas lieu d'établir la nature de cette propriété, le mode suivant lequel elle s'acquiert, se conserve et peut se transmettre?

DES DIFFÉRENTES ESPÈCES DE MARQUES.

Les marques de fabrique, suivant la jurisprudence actuelle des tribunaux, embrassent tous les signes distinctifs qui peuvent servir à faire reconnaître et à caractériser les produits d'un fabricant : ainsi le nom, les lettres initiales, les emblèmes ou empreintes, les dénominations, les enveloppes, etc., forment autant d'espèces de marques, et toutes sont reconnues susceptibles de constituer une propriété légitime.

La loi, en effet, n'ayant pas défini les caractères distinctifs de la marque, les tribunaux, libres de toute entrave, ont pu saisir le signe de la propriété partout où il s'est montré saisissable et quelque forme qu'il ait revêtue; le silence même de la loi à cet égard a tourné à l'avantage de l'industrie, et si la législature intervient pour régler cette matière, il importera que la règle n'enlève rien, quant à la liberté de la forme, à la latitude actuelle du droit de marque, pourvu que, suivant les termes du décret du 11 juin 1809, sur les conseils de prud'hommes, *les marques soient établies d'une manière assez distincte pour qu'elles ne puissent être confondues et prises l'une pour l'autre.*

DE L'EXERCICE DU DROIT DE MARQUE.

A chaque fabricant, comme on l'a vu, appartient le droit d'apposer sa marque sur les produits de son industrie; l'exercice de ce droit a été soumis à quelques restrictions particulières.

L'article 1er de la loi du 28 juillet 1824 interdit d'une manière générale d'apposer sur des produits *le nom d'un lieu autre que celui de la fabrication.*

L'article 2 du décret du 22 décembre 1812, relatif *à la marque des savons à l'huile d'olive,* attribue aux seuls fabricants de la ville de Marseille le droit d'inscrire le nom de *Marseille sur les savons à l'huile d'olive* fabriqués dans cette ville.

L'article 1ᵉʳ du décret du 25 juillet 1810 accorde aux fabricants de Louviers, conformément à l'arrêt du conseil du 5 décembre 1782, *l'autorisation exclusive d'avoir à leurs draps une lisière jaune et bleue,* et l'article 2 du même décret défend aux fabricants des autres villes d'employer ladite lisière. Un autre décret du 22 décembre 1812 permet à toutes les manufactures de draps de l'empire *d'obtenir aussi une lisière exclusive,* par décret délibéré en conseil d'État, mais à la condition que cette lisière soit *tellement distincte, qu'on ne puisse la confondre avec celles que d'autres villes auraient déjà obtenues.* Une circulaire ministérielle du 17 février 1813 invita, en exécution de ce décret, toutes les manufactures de draps à faire connaître leur intention sur l'usage qu'elles entendaient faire de cette faculté; de nombreuses demandes parvinrent au Gouvernement; un projet de décret fut même soumis au conseil d'État pour déterminer la lisière spéciale de chaque fabrique : d'après ce projet, la lisière n'était accordée que pour les draps d'une largeur de plus de 5/8, et elle était obligatoire pour les draps de cette largeur. Mais, le 17 décembre 1813, intervint un avis du conseil d'État, approuvé par l'empereur le 18 du même mois, et portant ce qui suit :

« Le Conseil d'État, sur le renvoi ordonné par Sa Majesté, etc.

« Considérant que ces lisières, n'indiquant que le lieu de fabrique « et non la qualité du drap, ne donneraient point de garantie au « consommateur;

« Que, certaines espèces de drap ne pouvant recevoir que des « lisières de certaines couleurs, on ne pourrait établir pour les « draps des lisières locales;

« Que, plusieurs fabriques, dont le principal débit se fait à l'é- « tranger, ayant accoutumé de coiffer chaque sorte de drap d'une « lisière particulière, l'établissement d'une seule lisière ou de lisières « en moindre nombre que celles usitées pourrait nuire à leur in- « dustrie et fermer une partie de leurs débouchés,

« Est d'avis qu'il n'y a lieu d'adopter le projet de décret présenté « par le ministère. »

(8)

Par suite de cet avis, le décret du 25 juillet 1810 fut considéré comme virtuellement abrogé, et, des poursuites ayant été dirigées contre les fabricants d'Elbeuf pour usurpation de la lisière de Louviers, le Gouvernement déclara que l'avis du conseil d'État approuvé par l'empereur devait faire règle, et qu'il était libre à toutes les fabriques de draps d'adopter telles lisières qu'elles jugeraient à propos, l'existence du décret de 1810 étant incompatible avec la nouvelle décision. Le chancelier de France, ministre de la justice, ordonna en conséquence la cessation de toutes poursuites et la restitution immédiate des draps saisis.

On voit par tout ce qui précède qu'à part la défense de se servir du nom d'un autre fabricant, du nom d'une ville autre que celle de la fabrication, ou des mots *façon de*....., la liberté de choisir ses marques est générale et à peu près absolue : ce qui ne donne pourtant pas le droit de prendre une marque déjà adoptée par un autre fabricant ou une marque à peu près semblable.

La jurisprudence a invariablement consacré ces principes qui, du reste, ainsi que la cour de cassation l'a jugé le 26 mars 1822, ne peuvent être invoqués par les fabricants que lorsqu'il s'agit d'une marque adoptée *comme distinctive et caractéristique de leur fabrique*, et non pour empêcher le libre usage de la marque d'un fabricant ou d'une marchandise étrangère; cette dernière marque étant en quelque sorte dans le domaine public et ne pouvant devenir la propriété exclusive d'un seul fabricant.

Indépendamment des marques qui peuvent être apposées sur les produits, les tribunaux ont reconnu comme formant l'objet d'une propriété privative les emblèmes ou signes servant à caractériser un établissement de commerce ou d'industrie. Ainsi l'enseigne d'une boutique, le nom d'un hôtel, le titre d'un établissement ont été considérés comme de véritables propriétés, et la loi aurait certainement à consacrer ce que la jurisprudence constante a invariablement établi en fait et en droit.

DE L'OBLIGATION DE CERTAINES MARQUES.

Si, en règle générale, la faculté de marquer ses produits est un droit pour le fabricant, la marque est, dans certains cas déterminés, une obligation légale.

Ainsi le décret du 1er avril 1811 oblige les fabricants de savons *à apposer une marque sur chaque brique de savon sortant de leurs fabriques*, et cette marque doit être différente, dit le décret, *pour le savon fabriqué à l'huile d'olive, pour celui fabriqué à l'huile de graines et pour celui fabriqué au suif ou à la graisse.*

Le décret du 22 décembre 1812, en autorisant toute fabrique de draps à réclamer une marque exclusive, ajoute (art. 3) : *Il est ordonné aux fabricants de la ville à laquelle il en aura été accordé une, de la mettre aux draps qu'ils seront dans le cas d'établir.* Mais on vient de voir que les dispositions de ce décret ont cessé d'être exécutées, par suite de l'avis du conseil d'État du 17 décembre 1813.

La loi du 28 avril 1816, qui vint ensuite autoriser la recherche, dans l'intérieur, *des cotons filés, des tissus et tricots de coton et de laine, et de tous autres tissus de fabrique étrangère prohibés*, ordonna, dans l'intérêt de cette mesure, qu'*à l'effet de distinguer les tissus fabriqués en France, toute pièce d'étoffe de la nature de celles prohibées devrait porter une marque et un numéro de fabrication* pour justifier son origine française. L'ordonnance du 8 août 1816 ajouta à cette obligation celle *d'indiquer le nom de la ville ou de l'arrondissement où la fabrication a eu lieu et le nom du fabricant, ou tel chiffre qu'il déclarera choisir*, et prescrivit, en outre, quelques marques spéciales pour la bonneterie de coton ou de laine, en autorisant les acheteurs à exiger du vendeur une facture relatant la marque ou le numéro des pièces conformes aux marques et aux numéros de fabrique. La loi du 21 avril 1818 et les ordonnances des 23 septembre 1818, 26 mai, 16 juin et 1er décembre 1819, prescrivirent, en outre, quelques dispositions spéciales pour les enveloppes des cotons filés et la marque ; elles ont été modifiées et complétées par les ordonnances des 8 avril 1829, 27 septembre 1835 et 3 avril 1836 : la première a réglé le mode de dévidage, d'enveloppe, de numérotage et de mise en vente des cotons filés ; les deux dernières sont relatives à l'estampillage des tulles.

Mais on peut dire généralement que ces marques, apposées dans un intérêt de garantie publique, n'ont rien de commun avec les marques particulières que les fabricants appliquent sur leurs produits, dans leur intérêt privé. Il ne semble donc pas qu'une loi relative aux marques de fabriques dût s'occuper des marques spéciales imposées par les lois de douanes.

3.

DU DÉPÔT DES MARQUES.

Les différentes lois que nous venons de citer ont généralement prescrit le dépôt des marques de fabrique ; mais, suivant ce qui a été jugé plusieurs fois par la cour de cassation, cette formalité est purement déclarative et conservatrice du droit de propriété. Le dépôt des marques, est-il dit dans un arrêt du 28 mai 1822, ne constitue pas la propriété ; il est nécessaire seulement pour en exercer la revendication.

Il suit de là que, la formalité du dépôt étant en quelque sorte restrictive du droit de propriété, puisqu'elle constitue une condition imposée à l'exercice de ce droit, la disposition qui prescrit cette formalité doit être, comme toute exception, interprétée d'une manière étroite et rigoureuse, et le dépôt ne peut être exigé que dans les cas pour lesquels il a été formellement prescrit.

On comprend d'ailleurs qu'il existe certaines espèces de marques pour lesquelles le dépôt ne puisse être effectué et à l'égard desquelles il suffise que la possession soit établie par la notoriété publique, par titres réguliers ou par toutes autres preuves. Ainsi le nom d'un fabricant, sa raison de commerce, ses enveloppes, ses factures, le nom du lieu de son domicile, l'enseigne de son établissement, ne sont pas susceptibles d'être déposés ; mais les tribunaux n'ont jamais hésité à consacrer, à l'égard de ces différents objets, le droit de propriété. Un arrêt de la cour de cassation, en date du 8 décembre 1827, notamment, a jugé que l'usurpation du nom d'un fabricant est un délit punissable des peines correctionnelles, aux termes de la loi du 28 juillet 1824.

La loi du 22 germinal an XI ordonna que le dépôt des marques fût fait au greffe du tribunal de commerce du chef-lieu de la manufacture ou de l'atelier : puis le décret du 11 juin 1809, contenant règlement sur les conseils de prud'hommes, disposa qu'indépendamment du dépôt ordonné par l'article 18 de la loi du 22 germinal an XI au greffe du tribunal de commerce, nul ne serait admis à intenter action en contrefaçon de sa marque s'il n'avait, en outre, déposé un modèle de cette marque au secrétariat du conseil des prud'hommes.

L'arrêté du 23 nivôse an IX avait prescrit, pour la quincaillerie et la coutellerie, l'empreinte de la marque sur des tables déposées au chef-lieu de la sous-préfecture. Le décret du 5 septembre 1810 y substitua le dépôt au tribunal de commerce, *selon l'article 18 de la loi du 18 germinal an XI*, et, en outre, le dépôt au secrétariat des prud'hommes, selon l'article 7 du décret du 11 juin 1809.

Pour les savons, le décret du 1er avril 1811 voulut également que la marque fût déposée au tribunal de commerce et au secrétariat des conseils de prud'hommes.

Du reste, les dispositions particulières de l'ordonnance royale du 8 août 1816, sur les tissus prohibés, exigent que le dépôt de la marque de chaque fabricant soit fait à la sous-préfecture de son arrondissement, et ce dépôt consiste en deux empreintes ou modèles, dont l'un y est conservé, et l'autre est transmis au ministre compétent, pour rester dans les archives du jury institué par l'article 63 de la loi du 28 avril 1816.

En laissant de côté ce qui concerne ces dernières marques, il ne semble pas qu'il y ait rien à changer à l'obligation du double dépôt aux greffes des tribunaux de commerce et des conseils de prud'hommes.

DE LA CONTREFAÇON OU DE L'ALTÉRATION DES MARQUES. — PEINES.

Les lois spéciales sur les marques de fabrique n'ont pas défini les caractères de la contrefaçon. Mais ces caractères, en matière de marques, ne sont pas autres que les caractères généraux de la contrefaçon à l'égard de la propriété industrielle ou manufacturière. La contrefaçon en matière de marque réside, suivant la jurisprudence, dans l'imitation plus ou moins exacte de la marque d'un autre fabricant, avec l'intention de donner à ses produits l'apparence des produits de ce fabricant et de tromper ainsi l'acheteur sur leur origine. Tout moyen employé pour arriver à ce résultat est considéré comme frauduleux.

Ainsi il a été jugé qu'un fabricant ne peut adopter une marque composée de lettres initiales de son propre nom, lorsqu'une pareille marque est déjà adoptée par un autre fabricant du même genre et de la même ville, de telle sorte qu'il puisse y avoir méprise et confusion entre les produits des deux fabriques : ainsi en-

(12)

core il a été établi qu'il y avait contrefaçon dans l'imitation, même grossière, de la forme, de la couleur, de la dénomination, même des enveloppes ou factures des produits d'un fabricant, lorsque cette imitation suffit pour produire la confusion. La loi du 22 germinal an XI répute même contrefaçon l'emploi des mots : *Façon de... suivis du nom d'un autre fabricant ou d'une autre ville*.

En ce qui concerne particulièrement les objets réglés par des lois spéciales, le décret du 5 septembre 1810 défend de contrefaire la marque que les fabricants de quincaillerie et de coutellerie sont autorisés à mettre sur leurs produits.

Le décret du 22 décembre 1812 défend l'usurpation de la marque attribuée aux savons de Marseille.

Le décret du 25 juillet 1810 interdit aux fabricants de draps d'employer la lisière attribuée à la fabrique de Louviers, et le décret du 22 décembre 1812 répète la même défense.

La loi du 28 juillet 1824 a prévu un autre genre d'infraction: elle a supposé le cas où, par *addition, retranchement ou altération quelconque, on aurait apposé ou fait apparaître, sur des objets fabriqués, le nom d'un fabricant autre que celui qui en est l'auteur, ou la raison commerciale d'une fabrique autre que celle où lesdits objets auraient été fabriqués, ou enfin le nom d'un lieu autre que celui de la fabrication;* et elle a assimilé ces divers faits aux infractions prévues et punies par l'article 423 du Code pénal. Elle frappe, en outre, de la même peine *tout marchand commissionnaire ou débitant qui sciemment aurait exposé en vente ou mis en circulation des objets marqués de noms supposés ou altérés.*

L'application de cette dernière loi a, dès le début, rencontré d'assez graves difficultés, et le ministre chargé alors de l'administration du commerce et des manufactures écrivit aux préfets, à l'occasion de de cette loi : « Nul fabricant ne peut usurper le nom d'un lieu de fa-
« brication autre que celui où la marchandise est confectionnée. Or il
« est connu que, non-seulement dans les villes fermées, mais dans un
« grand nombre d'autres, la fabrication a lieu, en tout ou partie, soit
« dans les usines situées dans une sorte de banlieue plus ou moins
« étendue, soit même chez les habitants des villages voisins; de là la
« marchandise, rapportée à la ville le plus souvent pour y recevoir les
« dernières façons, est censée le produit de l'industrie de cette ville et
« de tout temps en a porté le nom.

« Le Gouvernement, qui n'a provoqué la loi nouvelle, à la solli-
« tation des fabricants, que pour protéger la bonne foi contre la su-
« percherie, n'a nullement entendu déranger ces habitudes, établir
« une jurisprudence nouvelle et priver personne des droits existants. »

Après ces considérations, la circulaire invitait les préfets à fournir
leurs observations sur les limités à fixer pour la circonscription de
chaque banlieue.

Deux villes seulement, Louviers et Sedan, répondirent à cette
provocation, et réclamèrent des ordonnances pour fixer la circonscription de la fabrique; les projets d'ordonnance nécessaires à cet
effet furent soumis au conseil d'État; mais, le 26 octobre 1825, l'un
et l'autre furent repoussés par les considérations développées dans
l'avis suivant :

« Les Membres du Conseil du Roi composant le comité de l'inté-
« rieur et du commerce, qui, d'après le renvoi ordonné par son ex-
« cellence le ministre secrétaire d'État de l'intérieur, ont pris con-
« naissance d'un rapport et d'un projet d'ordonnance proposant des
« mesures pour l'exécution de la loi du 28 juillet 1824, qui défend
« de marquer les produits de l'industrie du nom d'un lieu autre que
« celui où ils ont été fabriqués;
« Vu les demandes des villes de Louviers et de Sedan, lesquelles
« se réduisent à deux propositions principales:
« D'une part, déterminer les conditions qui donneront droit à un
« fabricant de marquer les produits de ses ateliers du nom de la
« ville;
« D'autre part, fixer les limites hors desquelles les produits des
« fabriques ne seraient plus censés appartenir à la ville;
« Considérant que les mesures proposées sont inutiles ou con-
« traires à la liberté et à la prospérité de l'industrie; qu'elles donne-
« raient lieu à l'arbitraire, ou seraient hors du domaine des ordon-
« nances;
« Qu'ainsi, toutes les précautions qu'on imaginerait, dans la vue
« de déterminer les conditions nécessaires pour avoir le droit de
« marquer les produits d'une fabrique du nom d'une ville, peuvent
« bien servir à prouver que le fabricant y demeure, et que les pro-

« duits ont été fabriqués, en tout ou en partie, dans la ville, mais ne
« peuvent garantir la qualité et la valeur de ces produits;

« Que les déclarations et les investigations auxquelles donnerait
« lieu l'exécution de ces mesures seraient une servitude et une gêne
« pour l'industrie et le commerce;

« Qu'une ordonnance ne peut ni conférer aux conseils de pru-
« d'hommes le droit de juger, ni autoriser une taxe qui serait un vé-
« ritable impôt pour les frais d'un estampillage non établi par la loi;

« Que, s'il est reconnu qu'il y aurait injustice et impossibilité de
« n'accorder qu'aux manufacturiers qui habitent ou qui fabriquent
« dans l'enceinte d'une ville, le droit de marquer du nom de cette
« ville les produits de leur fabrique, il n'est pas moins certain que,
« si l'on veut fixer les limites d'un territoire qu'on voudra faire parti-
« ciper au privilége de la ville, on ne pourra le faire que d'une ma-
« nière arbitraire;

« Qu'il n'y aurait pas moins lieu à l'arbitraire dans la détermination
« à faire de certaines opérations de fabrique qui pourraient s'exécuter
« hors de la ville, tandis que d'autres ne pourraient l'être que dans
« son enceinte;

« Considérant, en général et indépendamment des propositions
« faites par les villes de Louviers et de Sedan, que, si les anciennes
« institutions qui régissaient les manufactures et le commerce garan-
« tissaient la qualité des produits de fabrique dans tous les ateliers
« d'une ville, la liberté qui existe actuellement dans la fabrication,
« et qu'on ne peut restreindre, ne permet plus d'établir et d'exiger
« l'uniformité de toutes les autres conditions qui donnaient un titre
« particulier et un caractère distinctif aux produits des manufactures
« de cette ville;

« Que toutes les mesures que l'on pourrait prescrire donneraient
« lieu à des réclamations fondées, qui en provoqueraient l'abrogation
« ou forceraient à en prescrire de nouvelles;

« Qu'une ordonnance rendue pour l'exécution d'une loi particulière,
« et dont les dispositions seraient contraires aux lois générales et aux
« principes de Gouvernement du royaume, non-seulement serait
« inutile, mais compromettrait l'autorité royale;

« Que si l'exécution de la loi du 28 juillet 1824 donne lieu à des
« contestations, elles peuvent être portées devant les tribunaux chargés
« de l'application et de l'exécution des lois;

« Sont d'avis :

« Qu'il n'y a pas lieu de rendre d'ordonnance pour l'exécution de
« la loi du 28 juillet 1824. »

Cet avis ayant été approuvé, le 10 novembre 1825, par le ministre
de l'intérieur (M. de Corbière), les projets d'ordonnance furent
abandonnés et n'ont pas été reproduits; et l'exécution de la loi du
28 juillet 1824 est restée placée sous l'empire du droit commun.

En résumé, la loi reconnaît, en matière de marques, la contrefaçon
et l'altération, et les tribunaux, soigneux de faire respecter la propriété, ont constamment maintenu l'application sévère de la loi.
Cependant il paraît indispensable, en réglant de nouveau cette matière, de revoir et de coordonner les dispositions des lois des 22 germinal an XI et 28 juillet 1824, de même que celles des lois spéciales
relatives à la quincaillerie et coutellerie, aux savons et aux draps, afin
de mieux déterminer les caractères des infractions qui constituent
la contrefaçon ou la simple altération des marques.

Il serait nécessaire également de remplacer, par un système de
pénalités uniformes, les pénalités assez incohérentes qui figurent dans
les différents actes qui viennent d'être cités: ainsi la loi du 22 germinal an XI a appliqué à la contrefaçon, sans préjudice de tous dommages-intérêts, les peines prononcées contre le faux en écritures
privées, disposition pénale remplacée de droit par celles des articles 142 et 143 du Code pénal publié depuis. Plus récemment, la
loi du 28 juillet 1824 a prononcé, dans le cas d'altération des marques
ou de supposition de nom, les peines portées en l'article 423 du
Code pénal.

Le décret du 5 septembre 1810, en défendant de contrefaire les
marques de la quincaillerie et coutellerie, condamne *les contrevenants*
à une amende de 300 francs, et, dans le cas de récidive, à une
amende de 600 francs, indépendamment d'un emprisonnement de
six mois. Les objets contrefaits sont, en outre, saisis et confisqués au
profit du propriétaire de la marque; le tout sans préjudice des dommages-intérêts qu'il y aurait lieu de lui adjuger.

Le décret du 22 décembre 1812 porte que tout particulier établi
dans une ville autre que Marseille, qui versera dans le commerce des
savons revêtus de la marque de cette ville, sera puni, pour la première
fois, d'une amende de mille francs doublée en cas de récidive, et

sans préjudice de la confiscation des savons au profit de la caisse des hospices.

Le décret du 25 juillet 1810, relatif aux draps de Louviers, punissait l'usurpation de la lisière de cette ville d'une amende de 300 francs pour la première fois, et d'une amende double dans le cas de récidive. Le décret du 22 décembre 1812, autorisant toutes les autres fabriques de draps à demander une lisière exclusive, ajoutait qu'il serait interdit de se servir de cette lisière, sous les peines portées par la loi du 22 germinal an XI.

Quant à la propriété des enseignes emblèmes, ou noms d'établissements commerciaux, on a vu que, suivant les principes du droit, invariablement consacrés par la jurisprudence, elle se trouve défendue par les articles du Code civil relatifs à la propriété en général, et par les articles 1382 et suivants du même code, relatifs à la réparation des dommages causés à autrui.

DES POURSUITES.

Les mêmes divergences qui se remarquent dans les dispositions législatives, en ce qui concerne la propriété des marques, leurs caractères généraux et particuliers, leur conservation, les contrefaçons et les pénalités, se révèlent à l'égard des poursuites et de la procédure.

La première condition de toute poursuite est, comme on l'a vu, la justification du dépôt de la marque. *Nul,* en effet, suivant l'article 18 de la loi du 22 germinal an XI, *ne peut former action en contrefaçon de sa marque, s'il ne l'a préalablement fait connaître d'une manière légale par le dépôt d'un modèle au greffe du tribunal de commerce d'où relève le chef-lieu de la manufacture ou de l'atelier.* Le décret du 11 juin 1809 (art. 7) répète à peu près textuellement cette disposition, qui est devenue une règle générale consacrée par tous les arrêts intervenus sur la matière.

Le décret spécial sur la quincaillerie et la coutellerie impose également l'obligation de la justification du dépôt préalable comme condition de toute poursuite. (Décret du 5 septembre 1810, article 8.)

. Pour les savons et les draps, la marque étant collective et consistant dans le nom de la ville de Marseille ou dans la couleur d'une lisière, on comprend qu'il n'y avait pas lieu d'exiger le dépôt préa-

lable, les dispositions générales des lois de germinal an XI et juin
1809 s'appliquant, d'ailleurs, aux marques particulières des fabricants de draps et de savons, pour la conservation des signes distinctifs des produits de leurs fabriques.

SAISIES.

En ce qui concerne spécialement la constatation des infractions,
les lois de l'an XI et du 28 juillet 1824, non plus que le décret du
11 juin 1809, ne contiennent aucunes dispositions relatives au
mode de procéder, et, dès lors, il faut aller chercher dans le droit
le droit commun les règles à suivre en matière de contrefaçon des
marques (articles 142 et 143 du Code pénal); ou d'altération, ou
usurpation du nom d'une ville ou d'un fabricant (article 423 du
même code).

L'article 8 du décret du 5 septembre 1810 porte que la saisie
des ouvrages dont la marque aurait été contrefaite aura lieu sur la
simple réquisition du propriétaire de cette marque. *« Les officiers de
police,* dit cet article, *sont tenus de l'effectuer sur la présentation du
procès-verbal de dépôt..... »*

L'article 3 du décret du 1er avril 1811 dispose que tout savon
marqué d'une fausse marque *sera saisi, dans les magasins des fabriques ou chez les marchands, à la diligence des prud'hommes, de tout officier de police municipale et judiciaire, ou à la réquisition de toute
partie intéressée.....* L'article 5 du même décret attribue aux prud-
'hommes, pour l'exécution de cet article, le droit d'inspection dans
les lieux de fabrication ou de débit des savons. L'article 4 du
décret du 22 décembre 1812 répète cette disposition, mais dans
les termes suivants : *« La saisie des savons revêtus de la marque appar-
« tenant à la ville de Marseille aura lieu sur la réquisition des autorités
« constituées de cette ville ou de ceux de ses fabricants qui seraient munis
« de leur patente. »*

Le décret du 25 juillet 1810, relatif aux draps de Louviers, n'a-
vait rien déterminé pour les poursuites. Le décret du 22 décembre
1812 prononce la saisie des draps qui porteraient la lisière réservée
à une fabrique, sur la réquisition d'un ou de plusieurs fabricants de
la ville à laquelle cette lisière appartient : *Les officiers de police sont
tenus de l'effectuer sur la présentation de la patente de ces fabricants.*

Du reste, en matière de contrefaçon, la saisie n'est pas de rigueur, si la contrefaçon peut être constatée par tout autre moyen, et notamment par la preuve testimoniale. Toutefois il ne faut pas perdre de vue qu'en matière de contrefaçon, comme dans les matières ordinaires, les juges ont toute faculté de rejeter la preuve testimoniale offerte, si cette preuve ne leur paraît ni utile ni pertinente.

COMPÉTENCE.

Les contestations relatives aux contrefaçons ou altérations de marques sont d'abord portées devant les conseils de prud'hommes; mais, suivant le décret du 11 juin 1809, ces conseils *ne connaissent que comme arbitre de ces contestation, et, à défaut de conciliation, l'affaire est portée au tribunal de commerce qui prononce, après avoir vu l'avis du conseil de prud'hommes.*

A l'égard des contestations relatives aux marques de la quincaillerie et coutellerie, le décret de 1810 déclare que les parties *seront renvoyées devant le conseil de prud'hommes, s'il y en a un dans la commune; s'il n'y en a point, le juge de paix du canton prend connaissance de l'affaire. Le conseil de prud'hommes ou le juge de paix, dit le même décret, entendra d'abord les parties et leurs témoins ; il prononcera ensuite son jugement, qui sera mis à exécution sans appel, ou à la charge de l'appel, avec ou sans caution, conformément aux dispositions du décret du 3 août 1810* (1). *Tout jugement* (article 11) *emportant condamnation rendu, en matière de contrefaçon d'une marque, sera imprimé aux*

____

(1)   DÉCRET IMPÉRIAL

CONCERNANT LA JURIDICTION DES PRUD'HOMMES.

Au palais de Trianon le 3 août 1840.

NAPOLÉON, EMPEREUR, ETC.,

Sur le rapport de notre ministre de l'intérieur;

Vu la loi du 18 mars 1806 et notre décret du 11 juin 1809, portant règlement pour les conseils de prud'hommes.

Notre conseil d'État entendu,

NOUS AVONS DÉCRÉTÉ et DÉCRÉTONS ce qui suit :

TITRE 1er.

DE LA JURIDICTION DES PRUD'HOMMES POUR LES INTÉRÊTS CIVILS.

ART. 1er. Les conseils de prud'hommes sont autorisés à juger toutes les contestations qui naîtront entre les marchands fabricants, chefs d'ateliers, contre-maîtres, ouvriers, compagnons et apprentis,

frais du contrefacteur. Les parties ne pourront, en aucun cas, transiger sur l'affiche et les publications.

Le décret du 18 septembre 1811, relatif aux savons, après avoir prononcé une amende de 1,000 francs contre les *contrevenants*, déclare que les contraventions seront portées devant les cours et tribunaux comme *matières de police;* et le décret du 22 décembre 1812 reproduit cette disposition en termes identiques, tout en déclarant qu'il n'est point dérogé aux dispositions énoncées au titre IV de la loi du 22 germinal an XI.

Enfin, le décret sur les fabriques de draps, rendu à la même date (22 décembre 1812), ordonne *aux officiers de police* de renvoyer les parties devant le conseil de prud'hommes, s'il y en a un dans la commune, comme arbitre, aux termes de l'article 12 du décret du 11 juin 1809, *et, pour la prononciation des peines, devant les cours et tribunaux. Si les parties,* ajoute le même article, *n'ont pas été conciliées sur leurs intérêts civils, les mêmes cours et tribunaux prononceront.* Ce décret termine en reproduisant la disposition déjà citée pour les savons, et portant que les jugements de condamnation seront imprimés et affichés aux frais des contrefacteurs, et que les parties ne pourront transiger sur l'affiche et les publications.

Il n'est pas besoin de faire remarquer que l'usurpation des enseignes, emblèmes ou dénominations d'établissements de commerce,

---

quelle que soit la quotité de la somme dont elles seraient l'objet, aux termes de l'article 23 de notre décret du 11 juin 1809.

2. Leurs jugements seront définitifs et sans appel, si la condamnation n'excède pas cent francs en capital et accessoires.

Au-dessus de cent francs, ils seront sujets à l'appel devant le tribunal de commerce de l'arrondissement; et, à défaut de tribunal de commerce, devant le tribunal civil de première instance.

3. Les jugements des conseils de prud'hommes, jusqu'à concurrence de trois cents francs, seront exécutoires par provision, nonobstant appel, aux termes de l'article 39 du décret du 11 juin 1809, et sans qu'il soit besoin, pour la partie qui aura obtenu gain de cause, de fournir caution.

Au-dessus de trois cents francs, ils seront exécutoires par provision, en fournissant caution.

TITRE II.

ATTRIBUTIONS DES PRUD'HOMMES EN MATIÈRE DE POLICE.

4. Tout délit tendant à troubler l'ordre et la discipline de l'atelier, tout manquement grave des apprentis envers leurs maîtres, pourront être punis, par les prud'hommes, d'un emprisonnement qui n'excédera pas trois jours, sans préjudice de l'exécution de l'article 19, titre V, de la loi du 22 germinal an XI, et de la concurrence des officiers de police et des tribunaux.

L'expédition du prononcé des prud'hommes, certifiée par leur secrétaire, sera mise à exécution par le premier agent de police ou de la force publique sur ce requis.

Notre grand juge, ministre de la justice, et notre ministre de l'intérieur, sont chargés, etc.

ne pouvant donner lieu qu'à des poursuites civiles à fin de condamnation en dommages-intérêts et en suppression d'enseignes, etc., les actions qui en résultent sont soumises aux règles de poursuite, de compétence et de pénalité ordinaires.

Il était inutile également de s'occuper ici, à l'égard des marques obligatoires comme garantie publique, de la procédure relative aux infractions, et qui est réglée par le code des douanes.

Le défaut d'unité dans les différentes dispositions qui constituent la législation actuelle sur les marques de fabrique, se fait assez sentir dans l'exposé qui précède, pour n'avoir pas besoin d'être signalé; et l'on ne pourrait abandonner plus longtemps aux tribunaux le soin de concilier les incohérences de cette législation avec les règles générales de nos codes et les principes de notre droit commercial. Il appartient aux conseils, juges si compétents en pareille matière, de faire connaître leurs vues sur les réformes dont cette législation est susceptible.

DISPOSITIONS GÉNÉRALES.

EXTRAIT DE LA LOI DU 22 GERMINAL AN XI,

Relative aux manufactures, fabriques et ateliers.

TITRE IV.

DES MARQUES PARTICULIÈRES.

ART. 16.

La contrefaçon des marques particulières, que tout manufacturier ou artisan a le droit d'appliquer sur les objets de sa fabrication, donnera lieu, 1° à des dommages-intérêts envers celui dont la marque aura été contrefaite; 2° à l'application des peines prononcées contre le faux en écritures privées.

ART. 17.

La marque sera considérée comme contrefaite quand on y aura inséré ces mots : *façon de* . . . . . et, à la suite, le nom d'un autre fabricant ou d'une autre ville.

ART. 18.

Nul ne pourra former action en contrefaçon de sa marque, s'il ne l'a préalablement fait connaître d'une manière légale, par le dépôt d'un modèle au greffe du tribunal du commerce d'où relève le chef-lieu de la manufacture ou de l'atelier.

6.

EXTRAIT DU DÉCRET DU 11 JUIN 1809,

Contenant règlement sur les conseils de prud'hommes.

NAPOLÉON, Empereur, etc.,

Sur le rapport de notre ministre de l'intérieur ;

Vu la loi du 18 mars 1806, portant création des conseils de prud'hommes ;

Notre conseil d'État entendu,

Nous avons ordonné, etc.

. . . .

TITRE II.

ATTRIBUTIONS ET JURIDICTION DES CONSEILS DE PRUD'HOMMES.

SECTION 1re.

Des attributions des conseils de prud'hommes.

ART. 4.

Les conseils de prud'hommes seront chargés de veiller à l'exécution des mesures conservatrices de la propriété des marques empreintes aux différents produits de fabrique.

ART. 5.

Tout marchand fabricant qui voudra pouvoir revendiquer devant les tribunaux la propriété de sa marque, sera tenu d'en adopter une assez distincte des autres marques pour qu'elles ne puissent être confondues et prises l'une pour l'autre.

ART. 6.

Les conseils de prud'hommes réunis sont arbitres de la suffisance ou insuffisance de différence entre les marques déjà adoptées et les nouvelles qui seraient déjà proposées, ou même entre celles déjà existantes ; et, en cas de contestation, elle sera portée au tribunal du commerce, qui prononcera après avoir vu l'avis du conseil de prud'hommes.

(23)

ART. 7.

Indépendamment du dépôt ordonné par l'article 18 de la loi du 18 germinal an XI, au greffe du tribunal du commerce, nul ne sera admis à intenter action en contrefaçon de sa marque, s'il n'a en outre déposé un modèle de cette marque au secrétariat du conseil de prud'hommes.

ART. 8.

Il sera dressé procès-verbal de ce dépôt sur un registre en papier timbré, ouvert à cet effet, et qui sera coté et paraphé par le conseil de prud'hommes. Une expédition de ce procè-sverbal sera remise au fabricant pour lui servir de titre contre les contrefacteurs.

ART. 9.

S'il était nécessaire, comme dans les ouvrages de quincaillerie et de coutellerie, de faire empreindre la marque sur des tables particulières, celui à qui elle appartient payera une somme de 6 francs entre les mains du receveur de la commune. Cette somme, ainsi que toutes les autres qui seraient comptées pour le même objet, seront mises en réserve, et destinées à faire l'acquisition des tables et à les entretenir.

SECTION II.

. . . .

ART. 12.

Les conseils de prud'hommes ne connaîtront que comme arbitres des contestations entre fabricants ou marchands pour les marques, comme il est dit article 6 . . . . . etc.

LOI

Relative aux altérations ou suppositions de noms sur les produits fabriqués.

---

28 juillet 1824.

LOUIS, par la grâce de Dieu, etc.

Nous avons proposé, les Chambres ont adopté, NOUS AVONS ORDONNÉ et ORDONNONS ce qui suit :

ARTICLE PREMIER.

Quiconque aura, soit apposé, soit fait apparaître, par addition, retranchement, ou par une altération quelconque, sur des objets fabriqués, le nom d'un fabricant autre que celui qui en est l'auteur, ou la raison commerciale d'une fabrique autre que celle où lesdits objets auront été fabriqués, ou enfin le nom d'un lieu autre que celui de la fabrication, sera puni des peines portées en l'article 423 du Code pénal, sans préjudice des dommages-intérêts, s'il y a lieu.

Tout marchand, commissionnaire ou débitant quelconque sera passible des effets de la poursuite lorsqu'il aura sciemment exposé en vente ou mis en circulation les objets marqués de noms supposés ou altérés.

ART. 2.

L'infraction ci-dessus mentionnée cessera, en conséquence, et nonobstant l'article 17 de la loi du 12 avril 1803 (22 germinal an XI), d'être assimilée à la contrefaçon des marques particulières prévue par les articles 142 et 143 du Code pénal.

Donné, etc.

QUINCAILLERIE ET COUTELLERIE.

ARRÊTÉ

Relatif à la marque des ouvrages de quincaillerie et de coutellerie.

Du 23 nivôse an IX.

Les Consuls de la République, sur le rapport du ministre de l'intérieur,

ARRÊTENT :

ARTICLE PREMIER.

Les fabricants de quincaillerie et de coutellerie de la République sont autorisés à frapper leurs ouvrages d'une marque particulière assez distincte des autres marques pour ne pouvoir être confondue avec elles. La propriété de cette marque ne sera assurée qu'à ceux qui l'auront fait empreindre sur des tables communes, déposées à cet effet dans l'une des salles du chef-lieu de la sous-préfecture. Il leur sera délivré un titre qui en constatera le dépôt.

ART. 2.

Le ministre de l'intérieur est chargé, etc.

DÉCRET IMPÉRIAL

Contenant des dispositions tendant à prévenir ou à réprimer la contre-façon des marques que les fabricants de quincaillerie et de coutellerie sont autorisés à mettre sur leurs ouvrages.

---

5 septembre 1810.

NAPOLÉON, Empereur, etc.;
Sur le rapport de notre ministre de l'intérieur;
Notre conseil d'État entendu,
Nous avons ordonné, etc.

TITRE Iᵉʳ.

DISPOSITIONS GÉNÉRALES.

ARTICLE PREMIER.

Il est défendu de contrefaire les marques que, par un arrêté du 23 nivôse de l'an ix, les fabricants de quincaillerie et de coutellerie sont autorisés à mettre sur leurs ouvrages. Tout contrevenant à cette disposition sera puni, pour la première fois, d'une amende de trois cents francs, dont le montant sera versé dans la caisse des hospices de la commune; en cas de récidive, cette amende sera double, et il sera condamné à un emprisonnement de six mois.

ART. 2.

Les objets contrefaits seront saisis et confisqués au profit du propriétaire de la marque : le tout sans préjudice des dommages-intérêts qu'il y aura lieu de lui adjuger.

ART. 3.

Nul ne sera admis à intenter action en contrefaçon de sa marque, s'il n'a fait empreindre cette marque sur les tables communes établies à cet effet

et déposées au tribunal de commerce, selon l'article 18 de la loi du
18 germinal an XI.

ART. 4.

Dans les villes où il y a des conseils de prud'hommes, les tables seront
déposées, en outre, au secrétariat de ces conseils, selon l'article 7 du décret
du 7 février 1810.

ART. 5.

Il sera dresssé procès-verbal des dépôts sur un registre en papier timbré,
ouvert à cet effet, et qui sera coté et paraphé. Une expédition de ce procès-
verbal sera remise au propriétaire de la marque, pour lui servir de titre
contre les contrefacteurs.

ART. 6.

Tout particulier qui voudra s'assurer la propriété de sa marque, est
tenu, conformément à l'article 9, section Ire du titre II de notre décret du
11 juin 1809, de verser une somme de six francs entre les mains du receveur de la commune : cette somme, ainsi que toutes les autres qui seraient
comptées pour le même objet, seront mises à la disposition des pru-
d'hommes ou du maire, et destinées à faire l'acquisition des tables et à les
entretenir. Le préfet en surveillera la comptabilité.

ART, 7.

Il sera payé trois francs pour l'expédition du procès-verbal de dépôt.
Tout greffier du tribunal de commerce, tout secrétaire de conseil de pru-
d'hommes qui aurait exigé une somme plus considérable sera poursuivi
comme concussionnaire.

TITRE II.

DE LA SAISIE DES OBJETS DONT LA MARQUE AURAIT ÉTÉ CONTREFAITE, ET DU MODE
DE PROCÉDER CONTRE LES CONTREFACTEURS.

ART. 8.

La saisie des ouvrages dont la marque aurait été contrefaite aura lieu

sur la simple réquisition du propriétaire de cette marque : les officiers de
police sont tenus de l'effectuer sur la présentation du procès-verbal de
dépôt : ils renverront ensuite les parties devant le conseil de prud'hommes,
s'il y en a un dans la commune; s'il n'y en a point, le juge de paix du
canton prendra connaissance de l'affaire.

ART. 9.

Le conseil des prud'hommes (ou le juge de paix) entendra d'abord les
parties et leurs témoins ; il prononcera ensuite son jugement, qui sera mis
à exécution sans appel ou à la charge de l'appel , avec ou sans caution ,
conformément aux dispositions du décret du 3 août présent mois.

ART. 10.

Dans le cas où la dénonciation pour contrefaçon ne serait point fondée,
celui qui l'aura faite sera condamné à des dommages-intérêts proportionnés
au trouble et au préjudice qu'il aurait causés.

ART. 11.

Tout jugement emportant condamnation, rendu en matière de contrefaçon d'une marque, sera imprimé aux frais du contrefacteur. Les parties
ne pourront, en aucun cas, transiger sur l'affiche et la publication.

ART. 12.

Notre grand juge, ministre de la justice, et nos ministres de la police et
de l'intérieur, sont chargés, etc.

SAVONS.

DÉCRET IMPÉRIAL DU 1er AVRIL 1811,

Tendant à prévenir ou réprimer la fraude dans la fabrication des savons.

NAPOLÉON, EMPEREUR, etc.

Vu les représentations de la chambre du commerce de Marseille touchant les fraudes pratiquées dans la fabrication du savon;

Vu les édits et arrêts du conseil sur le même objet, des 5 octobre 1688, 19 février 1754 et 20 février 1760;

Voulant laisser au perfectionnement de l'industrie toute son étendue, et aux inventeurs de nouveaux procédés toute leur liberté;

Entendant, en même temps, prévenir toute fraude au préjudice de nos sujets consommateurs, et de la confiance qu'il importe d'obtenir pour le commerce de notre empire, dans ses rapports avec les étrangers;

Notre conseil d'État entendu,

NOUS AVONS DÉCRÉTÉ, etc.

ARTICLE PREMIER.

Tout fabricant de savon, dans l'étendue des terres de notre domination, sera tenu d'apposer sur chaque brique de savon sortant de sa fabrique une marque déposée au tribunal de commerce et au secrétariat du conseil des prud'hommes, selon l'article 18 de la loi du 18 germinal an XI, et l'article 7 du décret du 7 février 1810.

ART. 2.

Cette marque sera différente pour le savon fabriqué à l'huile d'olive, pour celui fabriqué à l'huile de graines, et pour celui fabriqué au suif ou à la graisse.

ART. 3.

Tout savon non marqué, ou tout savon marqué comme savon à l'huile, quoiqu'il soit à la graisse, ou marqué d'une fausse marque, sera saisi dans les magasin des fabriques ou chez les marchands, à la diligence des prud'hommes, de tout officier de police municipale et judiciaire, ou à la réquisition de toute partie intéressée, et la confiscation en sera prononcée par les autorités compétentes, moitié au profit des hospices, l'autre moitié au profit des officiers de police ou des parties requérantes, sans préjudice d'une amende qui ne pourra excéder 3,ooo fr., et sera double en cas de récidive, ou d'autres peines portées par les lois et règlements.

ART. 4.

Tout fabricant convaincu, par la décomposition, d'avoir fraudé dans la fabrication du savon, par l'introduction d'une quantité surabondante d'eau ou de substances propres à en altérer la qualité, sera poursuivi, et son savon confisqué, comme il est dit article précédent, sans préjudice des dommages-intérêts, s'il y a lieu.

ART. 5.

Les prud'hommes des villes où il y a des fabriques de savon auront sur les magasins où le savon fabriqué se dépose, ou dans les lieux de débit, le droit d'inspection, pour l'exécution des articles précédents, indépendamment de la juridiction qui leur est attribuée par les lois et règlements.

ART. 6.

Le présent décret n'est applicable qu'aux savons destinés aux blanchisseries, teintures et dégraissages, et non à la fabrication des savons de luxe et de toilette.

ART. 7.

Notre grand juge ministre de la justice, et nos ministres de l'intérieur et de la police générale sont chargés, etc.

DÉCRET IMPÉRIAL

Qui détermine la marque des savons.

18 septembre 1811.

NAPOLÉON, Empereur, etc.

Sur le rapport de notre ministre de l'intérieur;

Vu les articles 1 et 2 de notre décret du 1er avril dernier, portant que chaque fabricant sera tenu d'apposer une marque sur chaque brique de savon sortant de sa manufacture, et que cette marque sera différente pour le savon fabriqué à l'huile d'olive, pour celui fabriqué à l'huile de graines, et pour le savon fabriqué avec du suif ou avec de la graisse;

Notre conseil d'État entendu,

Nous avons décrété, etc.

ARTICLE PREMIER.

La marque pour le savon fabriqué à l'huile d'olive sera de forme concave ovale, et portera dans le milieu, en lettres rentrées, ces mots : *huile d'olive.*

Celle pour le savon fabriqué à l'huile de graine sera de forme concave carrée, et portera dans le milieu, aussi en lettres rentrées, ces mots : *huile de graines.*

La marque pour le savon au suif ou à la graisse sera de forme concave triangulaire, et devra porter également dans le milieu, aussi en lettres rentrées, ces mots : *suif* ou *graisse.*

A la suite de chaque marque, qui devra être en caractères assez gros pour être aperçus sans difficultés, sera le nom du fabricant et la ville où il fait sa résidence.

ART. 2.

A compter du 1er avril prochain, il ne pourra être vendu, par les fabricants, de savons destinés aux blanchisseries, aux teintures et aux dégraissages, s'ils ne sont revêtus des marques prescrites par l'article précédent. Tout fabricant qui sera convaincu d'en avoir versé dans le commerce qui ne seraient pas marqués, sera puni, pour la première fois, d'une amende de mille francs; en cas de récidive, cette amende sera double.

ART. 3.

Les contraventions à l'article ci-dessus seront portées devant nos cours et tribunaux, comme matières de police.

ART. 4.

Notre ministre de l'intérieur est chargé, etc.

DÉCRET IMPÉRIAL

Qui établit une marque particulière pour les savons à l'huile d'olive fabriqués à Marseille.

22 décembre 1812.

NAPOLÉON, Empereur, etc.

Sur le rapport de notre ministre des manufactures et du commerce;

Vu notre décret du 18 septembre 1811, qui, en exécution des articles 1er et 2 du décret du 1er avril de la même année, règle la forme des marques que les fabricants de savon sont tenus d'apposer sur chacune des briques de savon qui sortent de leurs ateliers, marques qui doivent être différentes pour le savon fabriqué à l'huile d'olive, pour celui fabriqué à l'huile de graines, et pour le savon fabriqué avec du suif ou avec de la graisse;

Notre conseil d'État entendu,

Nous avons décrété, etc.

ARTICLE PREMIER.

La forme des marques prescrites par notre décret du 18 septembre 1811 continuera d'être employée dans toutes les fabriques de savon de notre empire : ces fabriques les mettront, en conséquence, sur tous les savons qui sortiront de leurs ateliers.

ART. 2.

A compter de ce jour, la ville de Marseille, département des Bouches-du-Rhône, aura une marque particulière pour ses savons à l'huile d'olive; cette marque présentera un *pentagone*, dans le milieu duquel seront en lettres rentrées ces mots : *huile d'olive*, et, à la suite, le nom du fabricant et celui de la ville de Marseille.

ART. 3.

Tout particulier établi dans une ville autre que celle de Marseille, qui versera dans le commerce des savons revêtus de la marque accordée par l'article précédent, sera puni, pour la première fois, d'une amende de mille francs ; en cas de récidive, cette amende sera double ; les savons seront, en outre, confisqués.

Le montant de cette confiscation et de l'amende sera versé dans la caisse des hospices du lieu où les savons auront été vendus, et, dans le cas où il n'y aurait point d'établissement de ce genre, dans celle des hospices de la commune voisine.

ART. 4.

La saisie des savons revêtus de la marque appartenant à la ville de Marseille aura lieu sur la réquisition des autorités constituées de cette ville, ou de ceux de ses fabricants qui seraient munis de leur patente. Les contestations auxquelles elle donnera lieu seront portées devant nos cours et tribunaux, comme matière de police.

ART. 5.

Dans le cas où la plainte en usurpation de la marque ne serait point fondée, celui qui l'aura faite sera condamné à des dommages-intérêts proportionnés au trouble et au préjudice qu'il aura causés.

ART. 6.

S'il était fabriqué à Marseille du savon avec de l'huile de graines, du suif ou de la graisse, alors la marque sera la même que celle qui est prescrite, pour les savons de cette nature, par notre décret du 18 septembre 1811 ; notre intention étant qu'on applique exclusivement aux briques de savon à l'huile d'olive fabriquées à Marseille celle dont la forme présentera un *pentagone*.

ART. 7.

Il n'est point dérogé aux dispositions énoncées au titre IV de la loi du

22 germinal an XI, lesquelles dispositions seront affichées de nouveau dans les villes de fabriques, à la diligence de notre ministre des manufactures et du commerce.

ART. 8.

Notre ministre des manufactures et du commerce est chargé, etc.

DRAPS.

DÉCRET IMPÉRIAL

Autorisant les fabricants de draps de Louviers à avoir à leurs draps une lisière jaune et bleue.

25 juillet 1810.

NAPOLÉON, Empereur, etc.
Sur le rapport de notre ministre de l'intérieur,
Nous avons décrété, etc.

ARTICLE PREMIER.

Les dispositions de l'arrêté du conseil d'État du 5 décembre 1782, portant règlement pour les fabricants des étoffes de laine dans la généralité de Rouen, sont remises en vigueur en ce qui concerne la ville de Louviers : les fabricants de cette ville jouiront, en conséquence, de l'autorisation exclusive d'avoir à leurs draps une lisière jaune et bleue.

ART. 2.

Il est défendu aux fabricants de drap des autres villes de notre empire d'employer la lisière dont il est question dans l'article précédent : tout contrevenant à cette disposition sera puni, pour la première fois, d'une amende de trois mille francs; en cas de récidive, cette amende sera double.

ART. 3.

Notre ministre de l'intérieur est chargé, etc.

DÉCRET IMPÉRIAL

Autorisant toutes les manufactures de draps à mettre à leurs produits une lisière particulière.

---

22 décembre 1812.

NAPOLÉON, Empereur, etc.

Sur le rapport de notre ministre des manufactures et du commerce ;

Vu notre décret du 25 juillet 1810, qui rend aux fabricants de Louviers l'autorisation exclusive dont ils jouissaient avant la révolution, d'avoir une lisière jaune et bleue;

Notre conseil d'État entendu,

Nous avons décrété, etc.

TITRE Ier.

DISPOSITIONS GÉNÉRALES.

ARTICLE PREMIER.

Toutes les manufactures de draps de notre empire sont admises à participer à la faveur qui a été accordée à celle de Louviers, Elles pourront en conséquence, obtenir l'autorisation de mettre à leurs produits une lisière qui sera particulière à chacune d'elles.

ART. 2.

Les fabriques qui désireront obtenir une lisière exclusive sont tenues d'en adopter une tellement distincte, qu'on ne puisse la confondre avec celles que d'autres villes auraient déjà obtenues, dont, par conséquent, elles auraient la possesion exclusive : ces lisières seront accordées d'après le vœu qu'émettront les chambres de commerce ou les chambres consultatives de manufactures, qui joindront à leurs délibérations un modèle de celle qui leur aura paru devoir être choisie de préférence.

La demande sera d'abord communiquée au préfet qui examinera si elle est de nature à être accueillie. Il la transmettra ensuite, avec son avis, à notre ministre des manufactures et du commerce, pour, sur son rapport, être statué par nous en conseil d'État.

ART. 3.

La lisière ayant pour objet d'indiquer quelle est la manufacture qui a confectionné les produits, il est ordonné aux fabricants de la ville à laquelle il en aura été accordé une, de la mettre aux draps qu'ils seront dans le cas d'établir; ceux qui ne se conformeront pas à cette disposition, seront punis conformément à l'art. 479 du Code pénal. L'amende sera double en cas de récidive. Le montant des amendes sera versé dans la caisse des hospices de la commune.

ART. 4.

Lorsqu'une ville aura obtenu une lisière exclusive, les fabricants des autres villes auront un délai de six mois pour achever celles des pièces de drap qu'ils auront commencées avec cette lisière. A l'expiration de ce délai, il leur est défendu de l'employer. Tout contrevenant à cette défense sera poursuivi conformément à ce qui a été dit, pour les marques particulières, article 16 de la loi du 22 germinal an XI.

ART. 5.

Les poursuites pour raison de contrefaçon d'une lisière ne pourront être dirigées contre les débitants, à moins que, pris en contravention, ils ne se refusent à donner les renseignements nécessaires pour faire découvrir l'auteur du délit; elles n'auront lieu que contre les manufacturiers, pour les draps seulement qu'ils fabriqueront après le délai de six mois déterminé par l'article précédent.

ART. 6.

Les décrets qui auront accordé à une fabrique une lisière exclusive seront insérés dans le Bulletin des lois. Cette insertion n'ayant pas eu lieu pour notre décret du 25 juillet 1810, nous ordonnons qu'elle soit faite.

ART. 7.

Notre ministre des manufactures et du commerce nous fera, avant le mois de janvier prochain, un rapport sur les moyens d'exécuter les mesures indiquées dans la première partie de l'avis de notre conseil d'État du 20 septembre 1811, par nous approuvé le 30 du même mois.

TITRE II.

DE LA SAISIE DES DRAPS QUI PORTERAIENT LA LISIÈRE RÉSERVÉE A UNE FABRIQUE,
ET DU MODE DE PROCÉDER CONTRE CEUX QUI AURAIENT USURPÉ CETTE LISIÈRE.

ART. 8.

La saisie des draps dont la lisière aura été contrefaite aura lieu sur la réquisition d'un ou plusieurs fabricants de la ville à laquelle cette lisière appartient. Les officiers de police sont, en conséquence, tenus de l'effectuer sur la présentation de la patente de ces fabricants. Ils renverront ensuite les parties devant le conseil de prud'hommes, s'il y en a un dans la commune, comme arbitre, aux termes de l'article 12 du décret du 20 février 1810, et, pour la prononciation des peines, devant nos cours et tribunaux.

Si les parties n'ont pas été conciliées sur leurs intérêts civils, les mêmes cours et tribunaux prononceront.

ART. 9.

Dans le cas où la plainte en contrefaçon d'une lisière ne serait pas fondée, celui qui l'aura présentée sera condamné à des dommages-intérêts proportionnés au trouble et au préjudice qu'il aura causés.

ART. 10.

Tout jugement emportant condamnation sera imprimé et affiché aux frais du contrefacteur de la lisière. Les parties ne pourront, en aucun cas, transiger sur l'affiche et la publication.

ART. 11.

Notre grand-juge, ministre de la justice et notre ministre des manufactures et du commerce sont chargés, etc.

TISSUS PROHIBÉS.

EXTRAIT DE LA LOI DU 28 AVRIL 1816.

TITRE VI.

RECHERCHE, DANS L'INTÉRIEUR, DES MARCHANDISES SOUSTRAITES
AUX DOUANES.

ART. 59.

A dater de la publication de la présente loi, les cotons filés, les tissus
et tricots de coton et de laine, et tous autre tissus de fabrique étrangère prohibés, seront recherchés et saisis dans toute l'étendue du
royaume.

A l'effet de distinguer les tissus fabriqués en France, toute pièce d'étoffe
de la nature de celles prohibées devra porter une marque et un numéro
de fabrication, pour servir de premier indice au jury dont il sera parlé ci-
après.

Les détenteurs de tissus qui ne pouvaient pas en justifier l'origine
française sont autorisés à les déclarer avant le 1er juillet, et à les faire
réexporter par un acquit-à-caution avant le 1er janvier 1817.

ORDONNANCE DU ROI

Portant que les fabricants d'étoffes et tissus de la nature de ceux qui sont prohibés ne doivent mettre dans le commerce ces étoffes et tissus que revêtus d'une marque de fabrication.

---

8 août 1816.

LOUIS, etc.

Sur le rapport de notre ministre de l'intérieur;

Vu l'article 59, titre VI, de la loi du 28 avril dernier, section des douanes,

Nous avons ordonné, etc.

ARTICLE PREMIER.

Les fabricants d'étoffes pleines ou mélangées, en laine ou en coton, et de tous tissus de la nature de ceux qui sont prohibés, venant de l'étranger, ne pourront mettre dans le commerce ces étoffes et tissus que revêtus d'une marque de fabrication et d'un numéro d'ordre repris de leurs registres d'entrée et de sortie.

ART. 2.

Les marques indiqueront le nom de la ville ou de l'arrondissement où la fabrication a eu lieu, et le nom du fabricant, ou tel chiffre qu'il déclarera choisir. Elles seront tissues, brodées ou imprimées, selon la nature de l'étoffe et à la volonté du fabricant, mais de manière à pouvoir se conserver le plus longtemps qu'il sera possible.

ART. 3.

Les prud'hommes, et à leur défaut les maires, assistés de fabricants notables, vérifieront la nature de chaque marque et le procédé d'application; si ce dernier est défectueux, et si la marque est susceptible d'être confondue avec des signes déjà employés par d'autres manufacturiers, ils exigeront un procédé plus solide et une désignation différente. En cas de contestation à ce sujet, il en sera référé au préfet, qui décidera, après avoir pris l'avis de la chambre consultative des manufactures, ou de la chambre de commerce qui en fait les fonctions.

ART. 4.

Chaque fabricant est tenu de déposer à la sous-préfecture de son arrondissement, deux empreintes ou modèles de sa marque : l'un de ces modèles y sera conservé, l'autre sera transmis au ministre de l'intérieur, pour rester dans les archives du jury institué par l'article 63 de la loi du 28 avril présente année.

ART. 5.

La marque de fabrication sera apposée, ainsi que le numéro d'ordre, aux deux extrémités de la pièce. Les teinturiers, imprimeurs ou autres apprêteurs seront tenus de la conserver en la couvrant, au besoin, pendant les apprêts.

ART. 6.

Aucun coupon ne peut être mis dans le commerce sans sa marque et son numéro.

Lorsqu'un fabricant usera pour ses pièces de marques tissues, il y suppléera, pour les coupons tirés de ces pièces, au moyen d'une marque brodée ou imprimée, ou d'un plomb ou d'un bulletin portant les mêmes indications. Les modèles de ces marques de supplément seront déposées avec ceux de la marque principale.

ART. 7.

La bonneterie de coton ou de laine est aussi assujettie à la marque de fabrication. Cette marque consistera, autant qu'il sera possible, en lettres, chiffres ou signes travaillés dans le tricot même, et à l'aide desquels on puisse reconnaître le nom du fabricant et sa résidence, en recourant aux modèles, qui seront déposés comme il est dit en l'article 4. Les dispositions de l'article 3 sont aussi applicables à la bonneterie.

ART. 8.

Les contrevenants aux obligations prescrites par les dispositions précédentes seront responsables des dommages qu'éprouveraient des tiers sur qui les objets auraient été saisis, sans préjudice des peines portées par les articles 142, 143 et 423 du Code pénal.

ART. 9.

Les marques et les numéros étant, aux termes de la loi, le premier indice de l'origine nationale des tissus, les marchands en détail sont avertis qu'ils doivent conserver ces signes à chaque coupon restant dans leur magasins.

ART. 10.

Tout acheteur est autorisé à exiger de son vendeur une facture signée qui indique la marque et le numéro des pièces, laquelle facture doit correspondre aux livres du marchand qui fait la vente, et aux factures par lui reçues du vendeur précédent; le tout pour y recourir au besoin.

ART. 11.

Notre ministre secrétaire d'État de l'intérieur est chargé, etc.

www.ingramcontent.com/pod-product-compliance
Ingram Content Group UK Ltd.
Pitfield, Milton Keynes, MK11 3LW, UK
UKHW022347120726
13694UKWH00004B/1734